Lyriken, en av Guds sällsamma gåvor...

Den här boken är till Lise-Lott, Elias och Minna. Ni gör mig dagligen uppmärksam på livets mirakel, tack.

Haiku som bön och betraktelse

- dikter och böner i haikutappning

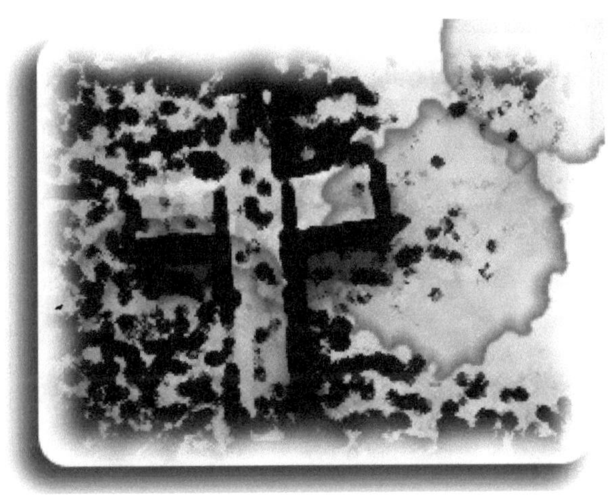

Christer Foghagen

© 2020 Foghagen, Christer
Förlag: BoD – Books on Demand, Stockholm, Sverige
Tryck: BoD – Books on Demand, Norderstedt, Tyskland
ISBN: 9789179697600

I den här boken presenteras korta betraktelser och böner utformade som haukudikter. Min ambition är att erbjuda kärnfulla texter som ger inspiration, styrka och vägledning i vardagen. Samtidigt vill jag med boken fortsätta att undersöka hur mitt skrivande möjliggörs och begränsas av haikuformatet. Detta har jag även gjort i tidigare diktsamlingar. Några av dikterna i den här boken har även publicerats i min bok, *Julens Haiku*.

Det är relativt vanligt att haikudikter skrivs med sjutton stavelser fördelat på tre rader. Det är även upplägget i mina dikter. Jag har valt att ge första raden fem stavelser, andra sju stavelser och tredje fem.

Vanligt är också att använda årstidsreferenser och överraskningsmoment. Det är ofta i diktens sista rad som det oväntade eller förklarande presenteras. För de texter jag presenterar i den här boken har jag valt att tona ner det lite. Anledningen är att texterna ska fungera både som ämne för bön och som haikudikt.

Tystnad - tagning

i vardagsstunder
kan jag skymta skaparen
månens sken en natt

"Det folk som vandrar i mörkret ser ett stort ljus, över dem som bor i mörkrets land strålar ljuset fram" (Jasaja 9:2).

Styrka och vägledning

Led mig

hjälp mig se Din väg
håll mig alltid nära Dig
och led mina steg

ingen eternit
allt skapat är förgängligt
en vilsam insikt

En utsträckt hand

Du talar till mig
Din kärlek och gemenskap
en hjälpande hand

när morgonljuset
väver gyllene täcke
vaknar nyrik stad

herre Gud se mig
låt mig vandra i Ditt ljus
så jag ser Din väg

hur mår du min vän?
betydelsefull fråga
svara ärligt nu

tillsammans är vi
starkare än ensamma
i Din gemenskap

Du är nära där
höstlöven faller sakta
dunsar mot marken

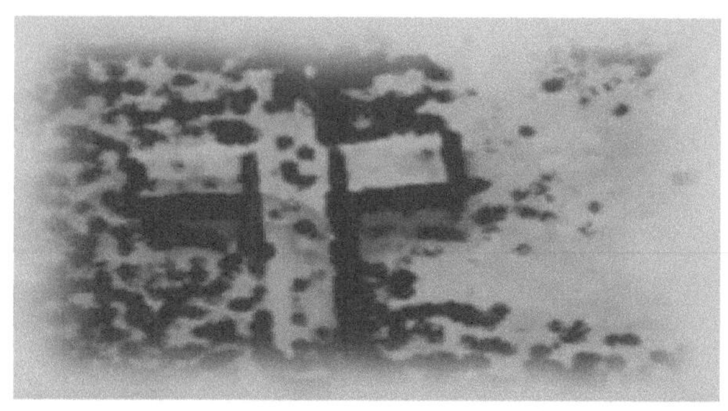

herre hör min bön
Du ger mig styrka och kraft
i vinternatten

Till tröst

dagar av väntan
solblänk i vattenbrynet
Du skänker mig tröst

när livet känns svårt
vet jag att Du är hos mig
om jag har tillit

svårast blir vår sorg
när vi inte vågar tro
att allt har mening

till dig ropar jag
otaligt många gånger
Du lyssnar till mig

snälla trösta mig
jag är rädd och förtvivlad
hela mig igen

våga ta steget
lita på att det blir bra
allt har en mening

dansaren i Rom
där påvar utövar makt
Gud följer dansen

rader av dagar
under regnbågen är vi
alldeles stilla

all världens städer
ansiktslösa människor
Du känner alla

jag hade ångest
Du sände en spillkråka
det lugnade mig

krackelerad dag
med tid faller fasadputs
naken inför Dig

nyttokulturen
känns som ett onyttigt ord
ger mig viss ångest

flugor i mitt hus
bevakar allt från väggen
har Du skickat dem?

Gemenskap och skapelseunder

Lyssna till rösten

där surrar humlan
ängen skänker sällsam frid
skapelsen talar

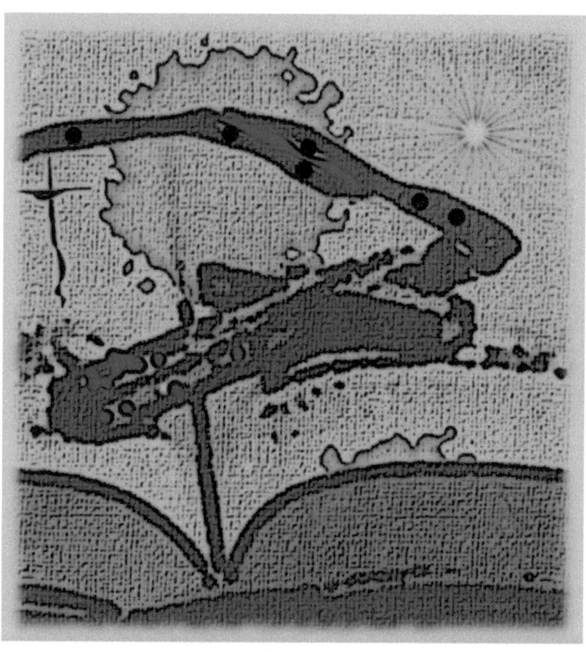

Att se sin nästa

min medmänniska
är som jag utsänd av Gud
se medmänniskan

Himmelriket tillhör barnen

när barnen skrattar
påminnelse om Guds nåd
och min rädsla flyr

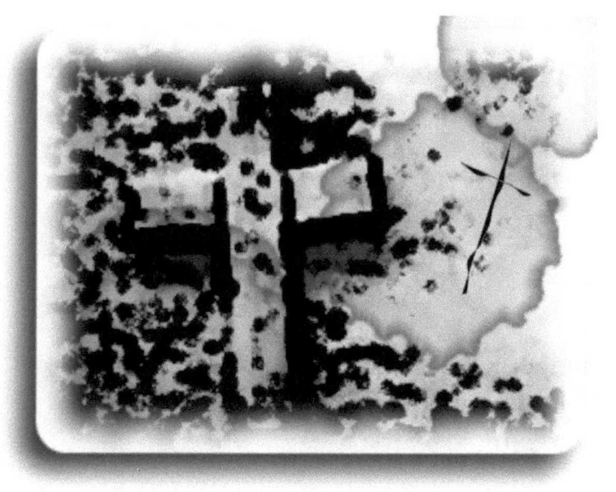

hbtqi
somliga provoceras
jag undrar varför?

Jesus gick bland oss
dammiga trötta fötter
jag vilar en stund

en gammal kvinna
visdom bakom fårad hud
ung evigt hos Dig

Bara människan tvivlar

min katt tror på Gud
katten vet, tvivlar inte
jag vacklar ibland

Där Gud visar sig

Gud är uppenbar
i vinden, regnet och livet
jag vill följa Dig

Tillsammans är vi ett

vi är människor
lika ändå olika
helig skapelse

I stunder av mörker

när vinternatten
bäddar in mig i mörker
lyser din låga

Kristus

profeters sanning
sedan länge utlovad
Gud bland människor

Var inte rädd

förbered mig på
att sista natten faller
när jag kallas hem

tunna strimmor ljus
mörkret skingras av honom
ny tid framför oss

Hopp

himmelrikets hopp
de som tror ska se ett ljus.
och fiska själar!

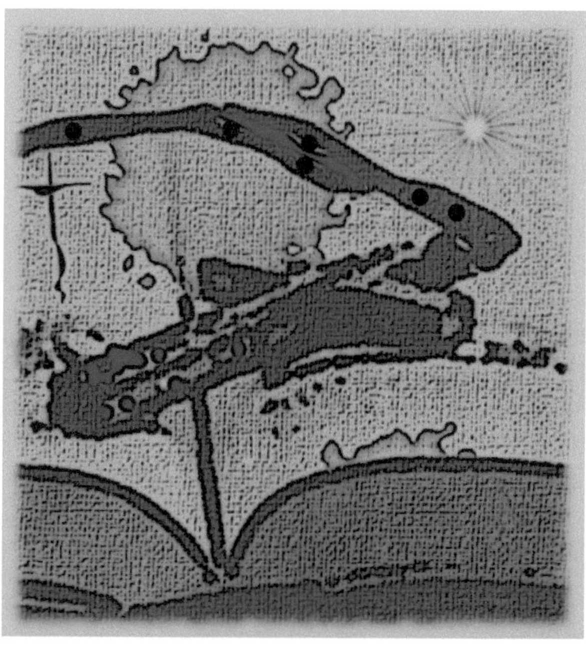

var inte rädda
inget mörker kan nå oss
när ditt ljus lyser

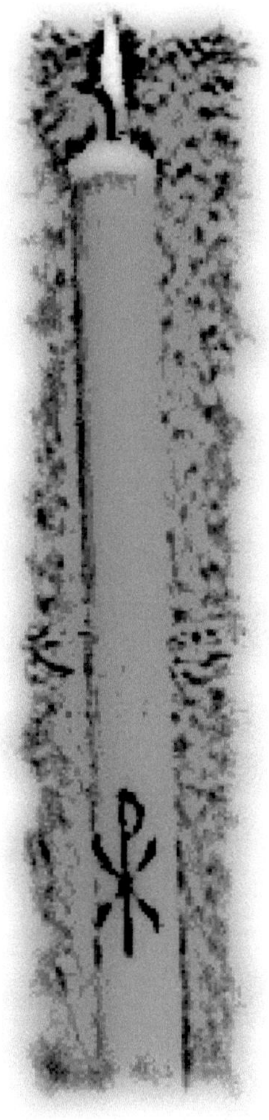

var inte rädda
jag räds trots din uppmaning
ibland är tron svag

när jag söker Dig
finns Du alltid nära mig
livets stora hopp

dagarna kommer
som rosenkransens pärlor
kärleken består

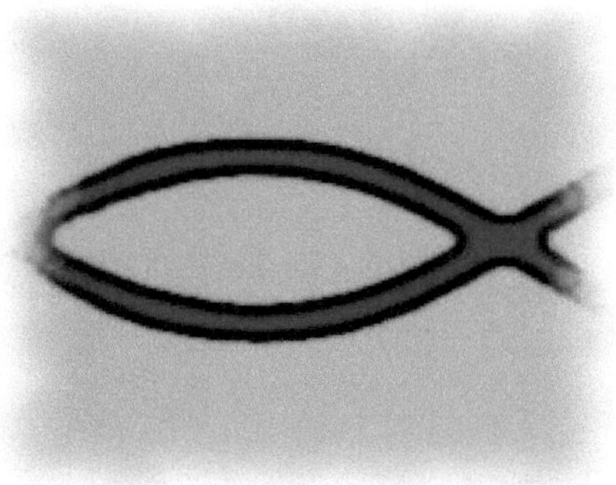

inför dig står jag
naken i min utsatthet
Gud, ge mig din frid

jag hoppas alltid
att Du aldrig lämnar mig
ibland tivlar jag

när livet vänder
behöver vi alltid stöd
Du finns där för oss

Årstider

vinter över stan
Du ger årstider och liv
vi glömmer leva

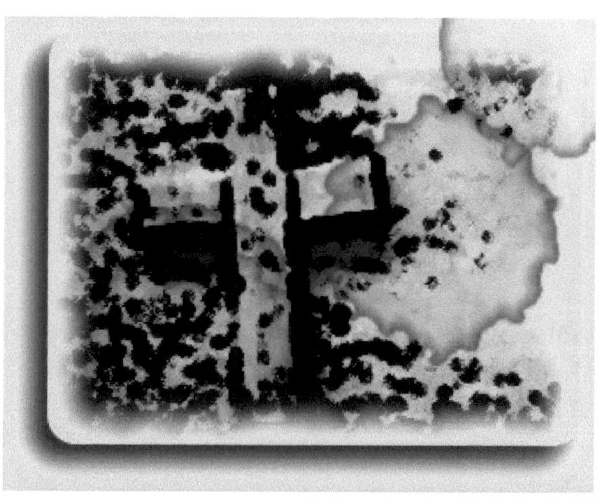

våren är vårlik
blommor knoppas nu åter
Du ger hopp och liv

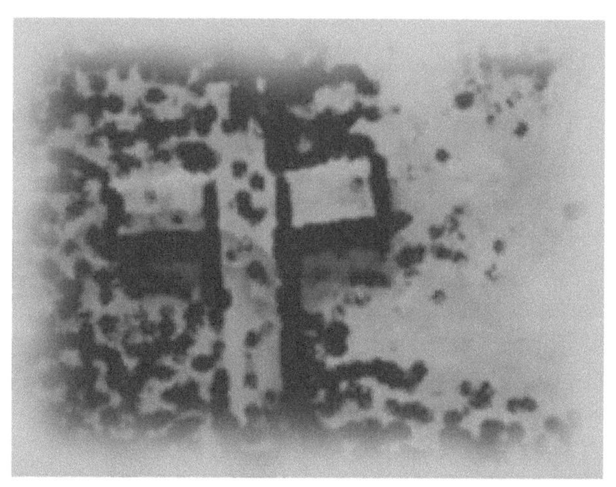

sommaren stilla
sol, vatten och livsglädje
livet är nära

hösten vilans tid
manar till eftertanke
och Du är hos mig